우리 서로 그리울 때는

채규판 시집

채운재 시선 195

아무것도 그 아무것도 이루어내지 못하면서
엎디어 엎어진 채로 무작정 부르기만 하는
여자여
너와 나와의 사이에 찍혀 있는 다만
한 번의 사랑이여

우리 서로 그리울 때는

채규판 시집

<서시>

芳情の画   辛夕汀

해보다 따스한
네 손을 달라.

白木蓮보다 하이얀
네 가슴을 달라.

불보다 물보다 뜨거운
네 심상을 달라.

새벽 저머이는
함박같은 실비 내리고,

실비 내리는 속에
동백꽃 뚝뚝 떨어지는 소리 들려오는,

돌맹이의 体温도 그리운
죽음보다 외로운 午後.

함박같이 내리는 실비속에
나는 나혼자 서서 널 당장한다.

※ 1970년 신석정 선생님 마지막 시집 대바람 소리를 싸인해 주시면서
   내게(채규판) 써 주신 작품(미발표 작품)

4 · 우리 서로 그리울 때는

서문

아마 내 시집으론 마지막이 될지 모르는 시집이다
이번의 시집 『우리 서로 그리울 때는』의 제1부에서 제3부까지의 작품은 손이 많이 닿아야 하는데 나이 탓에 뜻대로 교정이 이루어지지 못했다

제4부의 시는 산문시다
많은 분들께 보이고 싶은 시이기 때문에 첨부하게 되었다

앞부분 서시는 1970년 신석정 선생님께서 시집 제5권 선생님의 마지막 「대바람소리」를 서명해 주시면서 내게 써 주신 작품이다
어디에도 발표되지 않은 작품 반세기 만에 선보인 셈이다

마지막이 될 작품집을 만드는데 도와준 분들께 감사의 말씀도 같이 나누고 싶다

2025년 입춘에

저자 채규판

차례

서시 - 신석정 선생님   4
서문   5

1부 기원을 위한 시

산(山)은	12
격정의 세월	14
지난 세월이었는데	15
사랑 연습	16
춤의 반란(反亂)	18
눈물	20
눈 감아 보면	21
기원(祈願)을 위한 시	22
이별연습 · 3	24
그대 이름으로 부르는 노래	27
산과 바닷쪽에서	28
사랑의 까닭은	30
고독(孤獨)한 춤	32
용두암(龍頭岩) 기(記)	33
바람이 넘나드는 팔랑개비와 같이	34
산행시(山行時)	36
천지연 폭포 · 2	38
불국사(佛國寺) 단장(斷章)	40
대학의 풍물(風物)	41
연(蓮)꽃 시든 자리에서	42

2부 들길을 걷자

무심(無心)한 사랑	46
비 오는 날의 사색(思索)	48
비정(非情)의 노래	50
야상곡(夜想曲)	52
하늬바람	54
긴긴 터널의 기차(汽車)	56
사랑을 위하여	58
사랑 초(抄)	60
하나의 이유(理由)만 남고	62
춘일(春日)	63
그리도 그리움으로 와서 부르고 싶은 것은	64
낯선 거리에서	66
당신의 이름으로 부른다면	68
그대가 있는 거리라면	70
내 그리움은	72
들길을 걷자	74

3부 지나간 날의 그리움은

사랑작법	78
갈밭 서정(抒情)	80
다만 내게 있어서 사랑은	81
지축을 흔들며	82
산가(散歌)	84
회한의 덫	86
갈잎 무늬는데	88
달맞이의 춤	90
나비의 발성곡	92
내 고향의 이유를 물어	94
비사벌 성지에서	96
풀피리 소리와 같이	98
사랑의 연습 · 3	100
지나간 날의 그리움은	102

4부 그리움의 산가

어머니, 나의 어머니	106
우리 서로 그리울 때는	111
당신에게 있어서 나는 무엇인가	114
나, 죽기를 바라노니	118
희원(希願)	122
'아가(雅歌)'처럼	125
왠지 알아	128
내가 곧 당신인 것을	131
벼랑에서	135
환상충격(幻想衝擊)	138
그리워하자 그리워하자	141

산(山)은

산(山)은 말이 없으므로 산(山)이랴.

깊게 패인 주름을 그대로 내보이면서
잔잔히 감싸면서 솟구치기도 하며
안개의 그 거만한 몸짓에
산(山)은 짓눌려 있는가.

갈수록 목이 타고 있는 터에
얼마쯤 걸어야 하랴
아무도 반김이 없고
단 한 줌의 넋두리마저 없고
섧게 긁힌 손등으로 쏟아져 내리는
별의 뼈마디.

눈 한번 마주치지 않아도 금시 손에 잡히는데
휘이휙 지나가는 바람에도,
당귀꽃 떨어지는 뉘우침에도 떨리어 나는데
밤이 가듯이 산(山)은 그래도 말이 없으랴

잔뜩 부풀린 속으로 눈부신 아침은 다가서야 하는데
닭소리조차 시들어버리는
하이얀 천지에 젖어 온 산(山)꼭지.

그 거대한 산(山)에 얼마나 쉬었다 가야 하랴
산(山)은 막 폭음을 준비하는데
이 앞에 서 있어야 하랴.

격정의 세월

허망을 걸어 둔
격정의 문전에서 서성입니다.
눈빛이 훨훨 타오를 때까지
그림자 하나 걸어 매고
예서 흐느끼고 있습니다.

저녁노을은 주름진 이마를 핥아가고
쏟아지거라
연민의 손마디 젖어
애원으로 쏟아지게 하거라

회한입니까
솟구치는 열망의 비늘입니까

그의 눈빛 간절한 시선을 끄시면서
고독한 산책을 서둘고 있는데

먼 훗날에 까지 설레일
이 허망을 걸어 둔
격정의 문전에서 서성입니다.

지난 세월이었는데

부르는 노래였습니다.
구름을 휘젓듯
간절히 부르는 노래가 있었습니다.

창밖을 얽어맨 거미줄 위에서
바람을 기다리다가
실의에 찬 벌레의 마지막 운명을 응시하면서
부르는 노래가 있습니다.

절망도 한가닥 삶을 묻는 것
소리소리 높이는
저 절망의 늪을 헤집으면서
바람처럼
바람처럼 노래하고 있습니다.

길을 나서지만
끝없는 길을 나서고 있지만
다만 깊이 사무친
그 소스라치는 사랑의 언저리에서
노래하고 있습니다.

사랑 연습

황홀이던가요
감미로운 설레임이던가요

바람은 와서
설레어
음향의 가지에 돋아난
향기인가요

지저귐처럼
그리움처럼
너울너울
춤을 거닐고 오는
노래인가요
타오르는 사랑인가요

풀잎을 에워싼
이슬마다
졸랑거리고

훈훈한 빛깔기
무니는
체열인가요.

황혼이 젖어온
사랑인가요
부르는
노래인가요

춤의 반란(反亂)

충혈(充血)입니다
비등의 세월을 엮어 내린
충혈입니다.

노도처럼 치솟는
연민의 비늘을 털면서
털면서
우리들의 이웃의 삶은
가혹한 형벌입니다.

노래할 수 있다면
그렇게 아름다움으로 처연히 밀리었노라
노래할 수 있다면,
바람은 서녘에서 춤을 출 수 있다면

향방(向方)을 잃어버릴 때까지
추위가 엄숙하는 순간까지
그때 죽음의 명상을 앞세울 때까지
우리 같이 춤을 출 수 있습니까.

벌겋게 타오르는
마지막 즙혈(汁血)의 솟구침을 뿌리면서
휘몰아 뿌리면서
영막을 두들기기로 합시다.

충혈(充血)이 비등의 세월이
자지러지게 조각되어 나부낄
그날을 위할 때까지.

눈물

속 깊이 삭인 뜻이
빗물 되어
사무침을 배우고 있다.

선홍빛
날개를 치며
숨결을 가지런히 떨며
염불 외듯
길들여 오는 것.

오롯이 고개 들어
하늘을 우러러
산정(山頂)을 볼 수 있고
울컥 치미는 희열은
빛이구나.

천천히
사위는 길
창백한 떨림인데
네 키의 높이에 섰구나.

눈 감아 보면

눈을 감아 봅니다.
붉은 노을이 서산에 걸려 떠는
저 설레임을 돌돌 감기 위하여
눈을 감아 봅시다.

다만 휘어로운 바람이 불고
지느러미처럼
다닥하게 숨 쉬는
전율 앞에서도
눈을 감아 봅시다.

소스라치는 영롱한 파편들은
처연히 몸부림치고
내 고닮은 사랑을 끄시며
끄시면서
눈 감아 봅시다.

바람이 불고 있답니까
벌써 잃어버린 사랑은 전설로 피고
조용히 속삭이듯이
눈감아 봅시다.

기원(祈願)을 위한 시

우리 같이 노래해 보지 않으렵니까.
어두운 장막이 가려서
탄식의 적막이 오는데
노래해 보지 않으렵니까.

고요롭게 설레이는 것은 무엇입니까
다만 침묵이 무겁게 억눌리는 것은 무엇입니까

문명(文明)의 끈끈한 물기에 젖어서
잔잔하게 말리어버린 외로움이더니
회오리쳐 오는 것은 무엇입니까
참담이 쓸어가 버린 늪에서
소리 내는 것은 무엇이겠습니까.

바람이 불고 있는 모양입니다.
비와 더불어
휘말려 간 세월인 모양입니다.
증오가 더디 더디 나부끼는 모양입니다.

우리 같이 노래해 보지 않으렵니까
온갖 허기진 배를 움켜쥐고
사랑을 갈급하기도 하면서
감추어 둔 진실을 꺼내기로 합니다.
그것이 허식이요,
사치일 수 있겠습니까.

기원을 깊이 물으면서
나의 사람에게 가고 싶습니다.
문을 열 수 있는 힘이 있다면
가고 싶습니다.
충만한 손짓이 다사롭게 저며 오는 동안
우리 같이 노래해 보지 않으렵니까.

이별연습 · 3

춤을 추기로 할까요

그대의 사랑이 고와서
손짓하며
삶의 부활을 위하여
귀를 기울일까요

그대의 사랑 위에 화석(化石)이 될지라도
먼날 휘어로히 바람이 나부낀다 하더라도
밀고 끌고
우리 춤을 추기로 할까요.

별이 가지런히 떨리고 있는 것입니까
그 고운 숨결로 남아
미풍에 떨고
잔잔한 흔들림이사
숨은 듯
숨은 듯이 조용히 속삭이고 있네요.

평화가 그리운 날이면
비둘기 떼 나르고 있는 공원을 가야 합니다.
파랗게 젖었다가
시나브로 나부끼는 세월이 있더라도
참 아픔을 손질하며
우리 같이 공원을 가야 합니다.

춤을 추기로 할까요

똑같이 독무(獨舞)를 추스르면서
꿈을 곱게 거르면서
그러히 심지를 돋아 세워야 합니다.

누가 그렇게 이르던가요
사랑은 고통으로 와서 아름다운 것,
사랑은 절망의 뒤란을 닦아내며
순은(純銀)의 노래를 찍어
아름다운 것이라고.

그리고 아름다운 절망 앞에 섰습니다.
친구여,
우리 손을 잡고
손이 왜 시려운가
조용히 물어볼까요.

그대 이름으로 부르는 노래

환(幻)의 날개빛 시절은
사랑의 물무늬입니다.
단절은 하나의 기약이거늘
사랑으로 찢겨 나부끼다가
되잡히는 그리움입니다.

바람은 파도의 높이보다
세찬 울부짖음이었고
갈잎 스산히 밀리는
가을 난간에
환영(幻影)으로 속삭입니다.
파동 치는 노래입니다.

가혹한 형벌은 무엇입니까
예상의 손이 시려운 까닭은 무엇입니까
그대 이름으로 사무치는 사랑은 무엇입니까
환(幻)이 날갯죽지 위에는
그대의 노래가 있습니다
그대의 이름으로 부르는 노래가 있습니다.

산과 바닷쪽에서

내 연륜을 묶어
하나의 주문을 외운다면
바람은 억새풀과 같이 춤을 출 것이다.

먼 시선을 몰고 온
파도 소리와
방패에 열져 있는
어부의 소리와

놀래 떨고 있는
내 육신은 파동 치려니
밤 깃을 휘날리고
파동 치려니

그대의 이름으로
내 믿음을 염원하는가
꿈으로
사랑을 갈망하는가

까맣게 탄
몇 개의 돌멩이 소리를 들으며
인고(忍苦)의 세월을 물으면

철 늦은 산등성 위에서
억새풀 한가히 놀고
내 연민의 손이 시려운
바람 앞에 선다.

사랑의 까닭은

단절이던가요
속절없이 흘러가버린 빈자리
잃어버린 전설인가요

산고개 너머서엔
무심초 바람에 젖고
긴 화랑을 맨 정이던가요,

가는 길이 어디입니까
기척도 없는데
외딴 정박지에 와 있는 사람은
누구인가요,

고뇌(苦惱)의 창을 문지르며
이낌 서린
저 참담한 추위가
내 참으로 아픈 속가슴을 에워 쌓고

참 오래적 세월의 뒤란에
흔적만 남아 떠는
이 범람하는 사랑

그리운 까닭은 무엇이던가요.

고독(孤獨)한 춤

나의 산실은 눅눅한 습기가 있습니다.
박쥐의 탈출보다
혼란의 세월을 엮어낸
나의 환각은 추운 겨울입니다.

비가 오는 날이었던가
휘감긴 바람탓이었던가
밀폐된 공간은 이끼 끼고 있을 때 나는
회한에 덧나 있습니다.

한 천년 무너져내린 절망을 끄시면서
고독한 춤은
발갛게 타오르고
세찬 바람은 뱃고동 소리와 같이 밀려옵니다.

침전하는 까닭은 무엇입니까
조용히 숨죽이는 까닭은 왜
밤으로만 빛나고 있습니까

나의 산실은 파동치듯 절규합니다.

용두암(龍頭岩) 기(記)

처음 밀려온 것은
용의 머리가 아니라 바람의 시선이었다
보이지 않는 축포를 쏘아대며
돌무덤 흩뿌리고
그 편상(片想)이 지천에 숨쉬고
파란 물결의 춤이
고동처럼 돋아 지상을 떠이면
지축을 흔들어대는 폭우가 쏟아지기도 한다.

수직의 파문을 엮어내는 높이는
얼마쯤 될까
파멸의 수령은 얼마나 깊이 패여있을까
인고(忍苦)의 세월을 묶어 온
용두암.
바람이여.
세속을 솎아대는 돌무덤이여
물빛 충만한 고동을 보며
처음 밀리어 온 눈물의 수면을 걷고 있다.

바람이 넘나드는 팔랑개비와 같이

풍차(風車)만 떨렁하게 서서 돌아가는
바닷빛 하늘에서
갈매기는 나의 어린 적 동화를 엮고 있다.

솟구치는 함성과 함께
물빛 파장이 일고
노여움도 구름 저편으로 지나고 있다.

밀리어 오거라
애처로운 사랑이 있다면
풍랑 너머로
저 팔랑개비 따라
노래로 흘러 오너라

하얀 갈꽃 지천을 깔아 무니고
다만 잊어버린
내 삶을 갈망하느니

바람이 넘나들고
공중을 회로 하는 갈매기 한 마리
비늘을 털며
나의 꿈의 내력을 연출하고 있다.

산행시(山行時)
-갈꽃을 위한 서시

갈무리로 온 순은(純銀)의 숨결이라 하자

자생의 손을 걸고
능선과
능선을 맞잡으며
서녘의 바람을 맞으면

먼데서
파란 물결이 일고
귤향기 뜨락에 올라 빛나고

백발의 환상(幻想)이 원정(園丁)을 깔아 무늬는 데
바람아
소리치거라
설렘과 같이 소리치거라.

한라의 산정(山頂)을 맞잡고
단 하나의 사연을 엮노니
몇 개의 돌멩이와 같이
풍물(風物)의 노래를 서둘거니

갈무리로 타오르는
순은(純銀)의 숨결이게 하자.

천지연 폭포 · 2

기시관을 낀 딸기나무 시나브로 떨어져 내리는
늦가을의 폭음이 일거니
수리나무 위에 철새는 졸고 있나니
누가 소리치면
폭음과 같이 천지연의 물줄기 흐르고
새는 나르고

화살나무 아래
동화를 엮어내는 어린아이들의
노랫소리
계류의 물길이가 끌고 가노니

천애의 풍물(風物)
장관을 이루는 이 선경(仙景)의 아랫녘에
우리 같이 앉아 있노니
환상(幻想)의 나래를 펼쳐내도 좋으렴
수심 깊이
장중한 세월을 엮어내도 좋으렴

석계(石階)를 듣고 내려온 신선의
적중한 부름이던가
폭음지피는
삶의 맥박이던가

한 떨기 빛의 무리가 공중을 회전하다가
풀포기 언덕을 쓰다듬고 같다.

불국사(佛國寺) 단장(斷章)

환상(幻想)의 솟구침이었다.

아스라이 밀리어 간
청사(靑史)의 숨결
전설(傳說)로 쏟아부은 풍경이었다.

인륜(人倫)의 수레바퀴 돌아가는
세월은
오랜 퇴적틈을 비집어 갔고

서녘 깃발이 발갛게 타오르는
동구(洞口)밖
노오란 은행잎 지는 소리
시름의 소리 풍경(風磬)에 걸려 온다.

빼앗긴 세상을 걸어 올릴까
원형(圓形)에 매달리는
아스라이 밀리어 매달리는 바람솔

환상(幻想)의 솟구침이었다.

대학의 풍물(風物)
-포항공대를 나오면서

섭리를 긁어모으는 숨결이라 하자.

그렇듯 줄기찬 바람을 가로질러서
회전하는
문명의 탑신(塔身)이라 하자.

소리 내는 것은 유희(遊戲)가 아니라
멈출 수 없는
우리의 체온의 혁명이다.

꿈의 향방(向方)을 두고
가지런히 풀어내는 풍물(風物)이거나
기포(氣胞)처럼 출렁이는
그 찬란히 트는 교감(交感)이거나

그리하여 학의 긴 모가지를 추켜세운
예지의 광장
섭리를 긁어모으는 숨결이라 하자

연(蓮)꽃 시든 자리에서

마침내 쏟아져 내리는
빛살같이도
바람의 톱날 위에서
노래는 애원(哀願)에 묻어 있었다.

한 줄기의 그리움은
카랑카랑한 목소리로 파동 치면서
기적보다
빠르게 흘러가고 있었다.

비원(悲願)에 젖어 나부끼는
그대의 세월 앞에
서성이는 사람

입동(立冬)의 뒤란을 쓸어내며
연꽃잎 무던히도 지피더니
가난만 털어 내는 빈 뜨락인데

마침내 쏟아져 내리는
빛살같이도
친구여
묵시(默示)의 시선을 끌어올릴
옛날 그 사랑을 묻고 있었다.

2부
들길을 걷자

무심(無心)한 사랑

그렇게 헤어질 일이라면
무심히 지는
풀잎의 애린을 쓸어 담지 말 것을
그러히 가버릴 일이라면
왜 바람 부는 뜰에 머물러 있어야 합니까

노래할 수만 있다면
끝내 잃어버린 사람을 사랑할 수만 있다면
순정은 아직도 남아 다사로울 것인데
달빛이 잔잔히 숨 쉬는 뜰 밖에 서성이며
노래할 수만 있다면...

적막한데
밤 그림자만 떠돌고 있습니다.
그러히 가버릴 일이라면
차라리 성기성기 얽힌 별무덤에
다소곳 묻어나지 말 것을
그렇게 떠날 수만 있다면

산새 울어 헤는 밤이고 보면
황혼이 벌겋게 오른 지
오래인 밤이고 보면
떠날 수가 없습니다.

바람은 애절한 까닭을 잘 다스리며
한 밤의 노래에 젖고
그때 당신의 이름으로
노래할 수 있습니다.

산능선을 휘감아 오는 것은 무엇입니까
이 폐장의 울안에 달빛 젖고
빈 뜰을 맴돌아 온 메아리 소리
산새는 예서 울어댈 뿐
떠날 수는 없습니다.

비 오는 날의 사색(思索)

옛날이었던가
꿈을 나르는
우리들의 세월이었던가

낯선 이름을 들으면서
문명(文明)에 퇴색되어 버린 이름을 들으면서
찬바람만 오고 가는
길 쪽에 머뭅니다.

늦가을 시샘이 남아
비는 내리고
빈 공간을 휘 젖는 낙엽은
제 시름에 걸려 떨고 있습니다.

내 젊은 날의 그리운 사람을 위하여
다만 그리움을 들고 올 이는 없습니까
삶이 무엇인가 그렇듯 물어줄 이는 없습니까

호심(湖心) 깊이 출렁이는
내 사념(思念)의 울타리 아래
사무침으로 밀리어 버린 세월

옛날이었던가
내 욕망의 무던한 빛살만 뿌리고
사랑은 가고 없습니다.

비정(非情)의 노래

사랑은 머무는 것이 아니라
유장(流狀)의 파문(波紋)을 내는 것입니다.
구름이 난간을 지피고 밀리어 가는
노상 결박의 세월처럼 아스라이 체이는 것입니다.

유상(有想)은 옛날을 불러내듯이
바람은 시나브로 밀리어
소름에 덧이 나는 것이거늘

사랑은 아름다운 노래로 사는 것이 아니라
아름다운 노래 때문에 신음하는 것입니다.
무심한 생각을 걸치고 바다에 서면
파도 넘쳐나듯
아슴한 숙명이 포도알처럼 여물거니

별빛이 나뭇가지에 끼어 수줍어하는 까닭을 압니까
그 붉은 원색의 실의를 압니까

사랑은 언제나 형상일 뿐
숨어버린 절망의 숨맥일 뿐
산화(散花)해 버리는
나의 숲의 밀림지대에 덧붙어 접힌
고독한 방황일 뿐입니다.

사랑은 흔적 때문에 노상 그리워하는 것
사랑은 머무는 것이 아니고 조용히 보내는 것입니다.

야상곡(夜想曲)

환상(幻想)이게 하라
불빛 타오를 듯 사그라지는 야심(夜心)을 타고
바람의 춤만 남아 있게 하라

또랑을 뛰어넘는 세월이사
우리들 어린 시절 이야기를 줄줄이 외울 것이고
귓속말로 속삭이는 친구의 눈빛을
달빛은 꿔 달 것이고

감꽃이 지천에 널린 우리들의 정든 텃밭을
뜨락 한 자락에 묻혀버린 잃어버린 사람을
뉘 와서 주울 것인가

아카시아 꽃잎이 묻혀 있는 그 자리엔
물은 물대로 흐르고
산비탈 돌멩이의 그을린 자국을 할퀴며
산꿩이 벼랑자락을 쓸며 기어오르고
누가 구름이 다만 벼랑을 휘감는다 하는가

사랑은 머무는 것이 아니라 가고 있는 것
친구의 웃음이 비밀리에 이 자리에 와 있고
바람은 소리쳐 지나가는 것

바람아 옛날을 부르고 있는 나의 바람아
울창한 세월의 늪에 빠져 허우적거리는
나의 고백 앞에
누가 환상(幻想)의 춤을 출 수 있는가

하늬바람

말이 저녁이지 스산한 불빛이다.

갖은 자(者) 갖은 척
휘장(揮帳)을 드리우고
밤의 축제(祝祭)에 모여든다

꿈틀대고 기지개 켜며
일어서는 등불의 혀
꼿꼿이 허리를 편 채
하늬쪽을 막아선다

꽃가게마다
문 열어 두면
와 와 극락이르고

너는 술
나는 누룩

설익은 술맛에
저녁놀 타는구나

돌아선 어깨너먼데
세월의 비닐 날리는가

긴긴 터널의 기차(汽車)

하늘아래 사람들이
모두 모여
기적소리 당당히 달린다

좋음은 좋음끼리
김과 짧음을
서로 겨루매
앞과 뒤로 서로 따른다

이미 꺼진 불은
새롯이 피워가매
길고 긴 터널을
허허로이 지나다가

몹시도 아픈 세월
긴긴밤을
얽힘은 푸르른데
쉬지 않고 가는가

눈금 하나 더 있건 말건
언제나 제자리가
한 줌의 먼지로 날아
다시 볼 꿈 태울거나

사랑을 위하여

사랑을 구원할 양이면
토담밑에 있어야 합니다.

안개와
바람과
허무가 범람하는
그 세월의 둘레에 와 있어야 합니다.

얼마나 많은 날을 두고
꿈꾸고 있었습니까
무수한 사유의 등넝쿨 위에서
얼마나 많은 사랑을 사랑하고 있었습니까

먼 발치로부터 속삭여 오는
공허의 숨결입니다.
한 두름의 설레임을 끄시며 온
산(山)새의 처연한 울부짖음입니다.

풀잎이거나
그칠 줄 모르고 쏟아지는
내 안쪽 모서리
메아리치는 소리,
그렇게 찬란한 빛살 무늬의 사랑입니다.

구름은 그러이 밀립니다.
바닷물 그칠 줄 모릅니다.

빈 자리를 꿰차고
바닷물 그칠 줄 모릅니다.

빈 자리르 꿰 차고
흔근히 젖어든 시샘의 조각이
섬광처럼 번쩍이는
그 쪽에 바짝 다가서 있어야 합니다.
내 삶의 무심을 물어야 합니다.

사랑 초(抄)

세월아,
네가 있어 묻노니
바람이 불고,
바람의 뜰에 묻혀 있노니

사랑아,
내 한 자락의 빨간 리본에
애린을 걸어
노래로 젖노니

갈꽃은
피고 지고
절망은
사시목처럼 떨리노니

잡풀 무성하구나
내 빈 터에 자리 잡아 온

저녁노을이
물소리 감고
귓가에
사랑이 울고

세월아, 네가 내 이름을 외우며
부르노니
사랑은 무엇인가
사랑은 무엇이란 말인가.

하나의 이유(理由)만 남고

삭풍이 일 것이라 일러왔다.
저문 날
산(山)자락을 후비는 뜬구름은
시름겨워
끝내 비는 내리고

미움도 고운 노래에 젖으면
사랑에 미더운 것
가는 것이야 세월이라지만
우리들의 삶의 메시지를 들고 온 것은
처연한 몸짓밖에 남지 않는 것.

밤벌레 달빛이 시려워
가을 산천을 엮으면서
인고(忍苦)에 젖는데
묵시(默示)로
누가 머물고 있을까.

삭풍이 울고
그렇게 일렁이면서
꿈은 사라진다고 일러왔다.

춘일(春日)

솟구치고 있습니다.
산향(山香)이 묻은 산(山)꽃은 풀풀 날리더니만
풀섶을 헤풀며
헤풀어 대며
강촌(江村)을 끌어안는데

아이들은 저만치에서
청록의 비늘을 털어 내고

창벽을 타오르는 햇살을
나의 세월이 핥아 갑니다.

저 풍물의 언덕을 오르는 사람,
서성이고 있는 사람.

다만 솟구치고 있습니다.

그리도 그리움으로 와서 부르고 싶은 것은

오랜 기억의 축대를 쌓아 올립니다.

달빛만
가느스름이 내리고 있고
추녀 끝에
사랑이 매달려 있고

참꽃 이파리거나
희게 접혀
파르라니 떠는
박꽃잎 하늘거림이거나

해가 저물 무렵이면 간절한 소망이 웅성입니다.
전설은
옛날을 데리고 와 그리움의 징검다리를 건너고 있습니다.

내 산책로에는
흰 눈 보다 싸늘한 애린의
노래에 말려

비밀리에 젖은 사무침이 더해갑니다
스멀스멀
돋아나는
밀감내 다사함보다
더 짙게
밤은 밀리고 있습니다.

물소리 구섧게 흐르는구려
내 목마름의 시절은
빈 하늘에서
별과 같이 무수히 떨어져 내리는구려

그러이 기억의 축대를 쌓아 올려야 합니다.

낯선 거리에서

낯선 시선만 오고 가는가.

친구의 손끝이 따습더니
세월이 비껴간 그 틈 사이에
구름이 덮이더니
꿈은 뉘엿뉘엿 저물어 간다

난간에 오르면서
몇 조각씩 금이 간 사랑을 불지피면
굽이치는 물줄기엔
은편(銀片)만 시나브로 나부끼고

유향(油香) 내 묻혀버린
산줄기마다
아카샤 짙풀어 오르는데
환희(幻戱)만
낭음을 내고 뜰을 누빈다.

산비탈 양지쪽에 웅크리고 앉아 노는
어린양들
잔가지 휘늘이고
노래하는 어린양들

옛날만 등짐에 젖어 있고
뉘엿뉘엿 저무는 날에도
낯선 시선만 오고 가는가

당신의 이름으로 부른다면

어제도 오늘에 이르러
사람은 가고 없습니다.
다만 그리움은 와 놀고 있습니다.

햇살이 막 피어오를 것 같지만
밤인 걸요
적요만 와서 설레이고 있는걸요.

언제나 우리는 타인이었고
조용히 숨을 몰아 쉬면
조용히 밀려오는 한가닥의 꿈은
꿈으로 남아
빈 자리에는 외로운 춤만
시샘이 차 나부끼고 있습니다.

길은 길이거니 나서보면
동화를 캐묻는 숨결에 갇혀
어제도 오늘에 이르러
사람은 가고 있습니다.

다만 한 치의 앞을 샘 할 수 없이
그리움은 와서 웁니다
당신의 이름을 부르노니
잃어버린 세월을 그렇게 부릅니다.

그대가 있는 거리라면

그대의 눈빛은 언제나 설화(雪話)가 있다
금붕어의 아가미를 벌리고
기막힌 세월을 노닥이면서
언제나 다사로운 숨결로 울고 있다.

망각은 아름다운 것
마지막 노래를 부르면서
뿌리는 눈물은 순정을 엮어 나르는 것

적막을 문지르는 건 바람이 아니라
사랑이었다.
동구밖을 나서보면
줄기 줄기 영롱한 그리움이 돌고
밤빛도 서러워
속삭이듯 손잡아 오는 그대의 목소리
자운영밭 그 푸른 벌판을 쓸고
모아 담은

환상(幻想)의 다락방에
보송보송 타오르는 그대의 눈빛
딱 한번 찾아든
그대의 사랑
그대의 눈빛은 언제나 설화(雪話)의 밭이다.

내 그리움은

사립문을 달각거리는
신음의 소리입니다
흰 눈 쌓이 듯
그리움도 같이 몰고 와
차라리 절망입니다

철꽃
지천에 널려 있는데
한 떨기의 꽃잎을
따 느리고 있는데

잃어버린 사랑은
꽃과 같이
꽃과 같이 뜰을 짚고
마른 가지를 매만집니다
달빛은 차가운 가슴으로 묻혀
눈물과 같이 흐느낍니다

서산마루에 앉은 것은 무엇입니까
한줄기 사무침으로 온
시름입니까

등불 밝히고
비로소 사랑을 묻고 있습니다.
아스라이 밀리어 간
내 밀월을 풀면서
애처로운 사랑 부르고 있습니다.

언제이던가
내사 모르는 일이기도 하지만
숙명의 발을 느린
한여름의 꽃을 땁니다
휘어 감고 있습니다.

들길을 걷자

고독한 복받침으로 오거든
한 잔의 술을 권하자
솟구침의 바람이 시샘하거든
그때 들길을 걷게 하자

마주치는 눈웃음도
번민에 차
무심한 소식에 젖고
가는 것은 세월이 아니라
무정입니다.
가는 것은 잃어버린 체온의 부피입니다.

가난은 죄가 될 수 없듯이
그러이 흐느끼고
사랑은 눈물로 고백할 때
아름다운 것

되돌아가며
간절한 심사에 젖어

그때 공허하거든
무정한 속삭임을 연모하자

한 잔의 술과
솟구치는 바람을 안고
그때 들길을 걷자

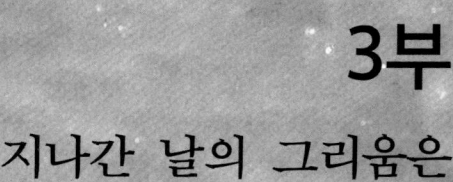

3부
지나간 날의 그리움은

사랑작법

미움도 두고 보면
연모에 차
아스라한 꿈을 묻게 한다

꽃이 피었던가 싶으면
지고
공허의 바람이 시나브로 젖어
그림자를 흔들면
꽃은 그러히 휘날리게 된다

숲은 숲끼리 어울린다 했던가
아름다운 시절의 울안엔
여울물 흐르고
기억의 내벽엔
물살져
제 홀로 흐느낌을 갖는다

누가 미움을 엮어
그리움의 몸짓을 두었던가

누가 마음의 남루한 상흔을
휴대하고 있었던가

꿈은 언제나 심상에 젖는 동안
순은(純銀)의 빛날 무늬는
그러이 나부끼고
미움도 두고 보면 사랑인 까닭에
언제나 바람에 젖고
언제나 바람처럼 신선한 아픔을 깔아 두는 것

갈밭 서정(抒情)

갈밭은
정갈한 몸짓밖에 없다.

바람을 부르고 와서
고단한 숨결을 내 쉬기도 하지만

시드는 세월 앞에서
언제나 사랑을 노래한다

절망이거나
환멸에 찬 이유를 두고
방황하지만

기원의 늪을 건너며
가는 사람
자취만 남아 떠는 빈 자리에 서서

갈밭은
그렇게 연모의 흐느낌을 낳는다.

다만 내게 있어서 사랑은

벌겋게 타오르는
노을에 지나지 않습니다.

잡풀이 흥건히 베인 언덕에
바람이 시나브로 내리는
그 오만한 정사에 지나지 않습니다.

내게 있어서 사랑은
한 줌의 이야기를 끄시어 내는
무심천의 강물같이
범람에 지나지 않습니다.

형벌은 밤을 부르며
오열에 사무치는 것
고단한 세월을 부르면서
제 이름 앞에 서서 갈망에 사무치는 것.

다만 내게 있어서 사랑은
강물의 범람에 지나지 않습니다.

지축을 흔들며

타오르거라
지축을 흔들어 대듯
우리의 약속된 숨결로부터
타오르거라

간 날을 두고
사무치게
찰흙처럼 사무치게
사념으로 덧나 타오르거라

한 모금의 갈망도 연민에 차
노래하고
내 이마 위에 매달린
신앙처럼
사랑으로 노래하고

금사(金砂)의 눈부신 채광을 쓸어내리는
고운 빛줄기

타오르거라
지축을 흔드는 불빛으로
타오르거라

산가(散歌)

설사 꽃잎 지는 순간에도
귀를 기울여야 합니다
잔잔한 숨결을 모두면서
사랑은 아름답다고 일러야 합니다.

바람의 난간을 거닐면서 노래해야 하고
꿈의 부활을 이루면서 노래해야 하고

먼 능선을 휘감는
한 줄기의 빛떨기
갈잎 스산히 밀리어 오면
잃어버린 세월을 풀어내야 합니다.

청록의 울타리에 매달린
영롱한
동화를 풀어놓고

빈 뜰을 쓸어 모으는
내 이력의 뒷자리에
저녁 빛만 돋아 난 시샘을 묻고 있습니다.

우리들의 성찬의 진리는 어디입니까
우리들의 사랑의 무대는 어디입니까

회한의 덫

왜 사느냐 묻는다면
세월이 솟구치고
물결 일고
숨결 마디마디 결 고운 노래가 젖는 일 때문이라 하겠네.

바람의 춤이 지천을 깔아 대고
울면
울면서 매달린 삶이
갯벌에서 성글성글 돋고
편편(片片)에 서린
꿈의 자락마다
무수히 쏟아지는 그리움에 사무친 탓이라 이르겠네.

인연은 소중히 채찍해 오고
다소곳 젖어
한 줄기의 요(謠)거락을 깔면
타오르는 능선엔가
야들이 젖어 늘어진 가지 끝이 휘어롭고

당신의 입모습 붉게 타오르는
열정이
여기서 조용히 사랑을 부르노니
시샘이
내란의 세월을 베끼고 있다고 하여
여기 머물고 있네
여기와 울기 위해서였네.

갈잎 무늬는데

갈잎의 소리라 했네

와삭와삭 부서져 내리는
숨결이사
미련에 젖어 떨고
알몸에 덧난 흐느낌이라 했네.

노을로 비껴 선 자리에는
물줄기만 조잘대고
바람은 외로워서
시나브로 흐느껴 오네.

누구인가
누가 빈자리를 서성게 하는가
삶을 물어보라 했는가.

들꽃 시든 이 폐허의 광장에 날라 드는
철 물어 온 새떼

한 밤인데
애타게 사랑을 부르는데

자박자박 고인 물보라
세월의 모룽에 돋네
갈잎 소리 같이 돌아 오네.

달맞이의 춤

언제나 그 체온의 빛은
아름다운 노래였다.
뉘엿뉘엿
저무는 날에도
떨려 오는 것이 아니라 사랑이었고
강변의 바람과 같이
반월의 둘레에서 춤을 추었다.

까마득한 날의 이야기를
줄줄이 풀고
외우면서
소진된 꿈을 부르기도 하고
솟구쳐 오는
바람의 손짓은
송아 가루를 날리기도 했고

풍물이 울리고
다소곳 여미는 정이 그리워서

오솔길 외각에서
밀리어 오는
달맞이꽃
한낮을 맞으면서 신음하고 있는
달맞이꽃

문 밖엔 문풍지 소리가
흘러간 세월을 여미고 오듯이
노을이 타는 들녘의 밤을 부르며

너는 무심히 떨고 오는가
몇 개의 꽃잎을 포개고
동녘을 향하여 전율하다가
불만의 고통을 점검하고 있는가
혹은 어디로 가고 있는 것인가.

나비의 발성곡

그랬었지
환상(幻想)의 날갯짓만
파르라니 떨고 있었지

세월이사
원한에 그을려 떨고
느릅목(木)
제 홀로 바람에 덧나거니
사랑을 후려치다
신음만
제 서름에 젖어 있었지

별은 무리로 무리 져 얽혀 있을 때
아름답더니
내 순정의 용트림은
허공을 가르고

그랬었지
무던히도 기다리던
손짓은
제 풀에 떨고 있었지.

내 고향의 이유를 물어

언제나 그러듯이
여기와 울고 있습니다.
밤으로부터 정은 타오르고
설화(說話)는 내 울 밑에 묻어둔
그리움의 조각들을 나르고 있습니다.

누가 산자락을 내려오고 있습니까
장독대를 휘감아 온 맨드라미와
바람에 출싹대는 싸릿대와
순이의 때 묻은 옷섶이거나
수줍음도 시방 보이지 않습니다.

청산(靑山)은 어찌하여 푸르고 있습니까
대나무는 하늘을 우러러 치솟고
집타래 엮어 세운
우리들의 세속(世俗)은 자박거릴 것 같은데
유년은 잃어버린 세월 때문에 아름다웁니까.

사랑은 가고 꿈만 남아
조요로이 설레이더니
텃밭의 모서리를 쓸어내리는
할머니의 손끝이 시려워서 펍니다
정자 목 아래 내려앉은
어머니의 자잔한 목소리가 들릴 것 같은데
아아, 올 듯이
아니 오고 있습니다.

천 년의 청사(靑史)를 엮어 세운
옛날에도 지금에도 시름 담은 노송(老松)은
제 홀로 고적해하다가
그렇듯이 여기서 울고 있습니다.

비사벌 성지에서

영넘어에도
구름이 걸쳐 제 홀로 신음하고 있었다.

풍설에 덮였다가
휘뿌연히
천년 사직은 무정을 깔고
유혈(流血)로 얼룩진 난간은
달빛에 젖어 떨고 있었다.

풍우는 언제나 몰아치는 것
빈 자리엔
긴 침묵만 사무치게
돌무덤처럼 돌아 앉는 것

흑먼지 뒤엉킨 산등성 아래
햇살 한 자락
뾰족이 돋아 설레이고

낙뢰가 떨어져
공허가 핥아간
이 회한의 덩이
덩이 위에 찬이슬만 내려 있었다.

풍수에 휘감긴 비사벌의 성곽
아, 번뇌가 자각 거리는데
그렇게 세월만 솟구쳐 가던가.

풀피리 소리와 같이

떡갈잎 휘느린
울밑
성근 별이 떠 내리고

저녁자절
바람도 잦아오면
하이얀 연기 치솟아 올라

초가
지붕 위에
한 줄기 향수가 젖는가
사랑이 젖는가

보리밭
골골마다
시름이 묻혀
잃어버린 세월이 묻혀

꽃무덤
사이사이로
구름 한 점 비껴 서더니

그러이
간다는가
정처 없이 가고 있는가.

사랑의 연습 · 3

사무칩니까
바람이 해적해적 메아리를 불러 대고는
그냥 솟구칩니까.

원시의 아침을 나르던 유년은 가고
정만 서리서리 엉키더니
한줄기 그리움만 두고
누가 울고 있습니까.

물레가 돌아가던 시절이 그리워서
이 개울가에 와 있습니까
우리들의 사랑이 솟구칠까 기다리면서
여기와 있습니다.

사랑은 언제나 밤으로만 벌겋게 타오르고
별은
한잔의 술잔에 젖어 아름다운 것

뉘엿뉘엿 저물어 가는 겨울에는
흰 눈만 내려 쌓이고
연민에 덮인 사랑은 소리쳐 웁니다.
그리고는 조용히 떱니다.

지나간 날의 그리움은

철 잃은 바람이 와서
잊어버린 세월을 부르고는

꿈을 꾸었던 일이거나
내 그리움에의 담소를 엮어내는 일이거나
산(山)풀이 산향(山香)을 풀어 헤치는
사랑의 능선을 낚아채기 위해서
문밖을 나서라 했다.

사방도 산까치는 울고 있고
풀피리 얇게 흐느끼면은
먼 데서
휘파람 소리
무던히도 그리움을 조여 오는데

잔가지만 휘느리고 온
하이얀 눈발 사이
조용히 그대의 숨결이 사무치더니

철 잃은 바람이 와서
빈 뜰을 누비고는
잊어버린 전설을 풀어놓자 한다

어머니, 나의 어머니

"참꽃 두어 손만 따먹어도 제법 배가 차니라"라든가 "찔레대궁을 잘근대다 보면 달착지근한 게 침이 도니라"라든가 "하늘을 올려다보거라 속이 화악 트일 테니-"라든가 나직하게 참으로 잔잔하신 목소리를 잃지 않으시며 푸샛것을 솎아낸다든가, 별빛이 내리퍼붓는 겨울밤 사립문을 단속하신다든가- 하는 그 작은 틈에, 잠시 스치듯 눈물을 흘리시는 일은 계셨을지언정 늘 반듯한 웃음만 지으시던 매무새 한번 흐트러지지 않으셨고 정녕 서운코 억울하신 때도 다소곳 옷고름만 만지작대시던- 어머니

그때 골짜기마다 두견(杜鵑)새 서럽게 울었습니다.

뻗치는 속앓이가 마침내 산악(山嶽)처럼 짓눌려와도 꿋꿋하시며 한치 흔들림 없으시던 피가 맺히도록 연륜(年輪)이 곧 한(恨)이 셨을 달과 해의 가슴을 한 몸에 담아 계셨던가 엄정(嚴正)하신 듯 너그러우셨으며 짐짓 조화(調和)의 이치를 몸소 밝히시던- 어머니

그때 어머니의 치마꼬리에 매달려 울면서도 마냥 서럽게 흐느끼면서도 개인날 자랄 나무순의 기쁨을 문득 느끼고 있었습니다.

어떻게 세월이란 게 갔고 혈흔처럼 기억만 남아 있습니다.

야속함이야 물결에 비길까만은 죽음과 마주 겨루면서도 결코 잊지 않았던 높고 거룩하며 정결한 나의 어머니의 모습
 나에게 있어 오직 빛이요 길이요 곧 목숨이기도 한 것을 다만 나의 모든 것의 원형(原形)인 것을 이제사 겨우 알아차리고 있습니다.

삶이 할퀸 손마디마다 겨울가지처럼 두껍고 깊게 패인 생채기 그 참음과 버팀 굳셈과 오롯함의 터에서 비로소 자랄 수 있었음을 어리석기 짝이 없고 미욱하기 그지없으며 감히 입을 열어 "어머니이"라고 부를 수조차 없이 모자라기만 한 내가 '오늘'의 앞에 살고 있음을 아까사 알아차리고 있었습니다.

그렇습니다.
사무친 숱한 것들을 풀어내면서도 홀연히 나마 떠올리지 못했던 잘못인데 어머니
 나는 왜 그랬습니까.
 아이들에 대한 생각이나 그 밖의 이야기, 또는 나의 대단치 않을 속쓰림들을 무슨 벼슬굿이나 하듯 엮어가면서도 오만(傲慢)과 치기(稚氣)라고 밖에 달리 말할 수 없는 저 가증스런 휘둘림 속에서 스스로 안주(安住)하고 스스로 구속(拘束)하며 스스로 열광(熱狂)하는, 독보(獨步)의 긴 노정

(露呈)- 어머니
　왜 나는 그랬습니까.
　나를 잊고자 그랬습니까. 무언가 분명하지 않은 나를 비껴가기 위하여 혹은 목숨의 원류(源流)조차 지워버리고 싶은 그 비굴(卑屈)한 용기를 끈끈하게 이어가기 위하여 어머니
　그래서 그렇게 비틀렸던 것입니까.

　회한(悔恨)이 밀려듭니다.
　거품처럼 부풀어 크다가 불현 듯 허물어지는 욕망의 그루터기 가련하리만큼 휘황(輝煌)한 이 황촉(黃燭)에 불 지필 불씨를 살려낼 힘이 다했을 때
　아아 혼자임을 느껴야 했을 때
　발이 시린 나비의 체읍(涕泣) 그것이 나의 몫임을 늦게나마 깨달아 알았을 때
　그 세자 떠오른 이름
　-어머니
　그것이 아픔입니다.

　그림자의 저편에 반드시 찬연한 햇빛이 있음을
　도(道)의 바른 이치와 삶이 지녀야 하는 가멸한 섭리가 뒤엉켜 서로 하나를 이루고 있음을 꽃이 노을이며 아침이기도 한것임을
　자상하게 가르쳐 펴 보이시던 행주질을 마친 손바닥에 얹어 곱게 밝혀 주시던 어머니

나의 어머니
따사로웠고 넉넉했고 말씀을 아꼈고 작은 웃음으로 만족했고 그러므로 외로우셨고 눈물겹기도 하셨을
아주 예뻤던
우리 어머니

어머니의 까칠한 살갗을 생각해 내면서
어머니가 숨겼을 만한 고적(孤寂)함을 헤집어 보면서
우리 어머니의 아픔은 무엇이었을까 곱씹어 가면서
나는 그것이 아픈 것입니다.
아마 무척 아프셨을 많은 것들을 끝내 당신의 모습 뒤로 숨기셨던 나의 어머니의 아픔 그것이 나에게는 아픈 것입니다.
지금은 두견새 울음도 흔하지 않고 흐린 강에서는 달빛조차 건져 올릴 수 없지만 장독대를 내려오시며 살포시 웃으시던
"참 달단다."라고 뇌이시며
나의 그 작았을 입에 산딸기 몇 알을 넣어 주시던
그 모습
그 목소리
그 내음
아아 어머니, 어머니의 전부가 보고 싶습니다.

사박사박 산 끄시던 소리가 듣고 싶고 옷깃을 여며 주시

던 그 손길을 느끼고 싶고 눈가에 지신 주름을 만지고 싶고 젖냄새 어머니의 젖향을 새로 맡아보고 싶습니다.

  그리움입니까.
  어머니
  이것이 그리움입니까.
  당신의 아픔을 디디고 나의 '지금'이 있는데

  당신의 참음을 업고 나의 '내일'도 있을 것인데
  당신의 모든 것을 살라 삭히며 나의 '어제'가 쉽게 잠을 잘 수 있었는데 저며오는 것
  저려오는 것
  자식 생각에 말소리 낮춰 잠작해 하시는 바로 쉬 오실 틈 아직껏 없을 그것인데 어머니
  그것이 아픔입니까.
  그리움만큼 정연한 아픔입니다.

우리 서로 그리울 때는

 그리울 때는 우리 서로 그리울 때는 꺄맣게 잊고 살았던 것들을 아주 티끌만 한 것조차 되짚어 생각하기로 하자.
 우리 서로 끌어안고 지긋하게 하늘을 올려다보던 그 풋풋한 시간들을 기억해 내기로 하자.

 홍도(紅島)나 멀게는 희랍 쪽의 바다 빛깔이 그렇듯 곱더라고 주절대면서
 "한 번 가볼래?"
 "꼭 갈 거지?"
 라고 가끔씩 뇌까리기도 하면서 우리 서로 손가락을 더듬어끼던 그런 지난 일들을 가지런히 떠올려보기로 하자.

 그리고 나의 이 아집(我執)에 찌든 굴 속을 미리 잘 알아차리고 있으면서도 부지런히 속아 넘어가며 분별을 차릴 겨를도 없이 참 어설프기만 한 나의 말의 그물에 그저 덥석
 잡혀오던 당신의 저
 희디흰 속살을 눈부시게
 아아 눈부시게 상상해 보자.

 그립다는 것- 그것이 그렇게 아름다운 내용을 가진 뜻이

라면 그 그리움의 늪에 빠져들며 깊이깊이 잠기는 일로 흐뭇해하자.

　가난과 아픔이 정석(定石)처럼 쌓이는 우리의 삶의 길고 허상스런 서슬에
　잠시나마 눈 붙이지 못하는 살아 있으므로 더욱 품이 시려오는
　"나는 왜 이렇게 무너져야 하는지"의 '까닭'을 소스라치게 깨닫고는 그렇더라도 물끄러미
　멀리 해가 지나가고 있는 창밖을 내다보기로 하자.

　혹은 터덕거리는 밤의 미망(迷妄) 속으로 슬며시 기어들자.
　밤이 풍기고 있는 그 현란한 권력(權力)을 저울질 해가며 끝내 돌려받지는 못한다 하더라도
　만일 그럴 수만 있다면 청청하기만 한 '우리 둘만의 청사(靑史)'를 다시 끄집어내어 아름답게 아름답게 만져 보기로 하자.

　여자여 잊을 수 없으므로
　그러므로 망실해야 한다고 하는 이 배반의 이치를 가멸히 보살펴 다스리기로 하자.

　노을이 지고 있거나 말거나 날이 새거나 말거나
　저쪽에 있는 꽃잎을 보면서, 너의 눈에 숨던 구름조각들

을 곱짚어 헤아려보면 허어
  낮인데도 온몸이 저려 오는데 이 밝은 대낮에도
  창백(蒼白)한데 나는 왜
  이렇듯 엎디어서 너의 그 작은 젖무덤과 자잘하게 솜털이 흔한 귀뿌리만 서럽게
  -서럽게 회상해야 하는가.

  누가 무어라 소리친다 하더라도 막을 수 없는 것- 그리움인데
  아무리 흐르는 것일지언정 솟구쳐 목을 조이는 아침- 그 연림(煙林)속에서 지금 막 허우적댄다 하더라도
  여자여
  뒤뜰에 빗발 듣는 소리 아직 느낄 수 있고 피보다 허물어지는 가을의 저녁을 맞아들일 수 있고
  넘치면서 찰랑거리면서 끊임없이 흐느끼는 그 밤바다의 호곡을 삼킬 수도 있는데
  여자여
  아무것도 그 아무것도 이루어내지 못하면서
  엎디어 엎어진 채로 무작정 부르기만 하는
  여자여
  너와 나와의 사이에 찍혀 있는 다만
  한 번의 사랑이여

당신에게 있어서 나는 무엇인가

강을 끼고 감아 돌다가 문득 멈추어 서봅시다.
발을 멈출 때마다 생채기 같은 것이 찍히고 있음을 비로소 그리움을 깨닫고 또 느낍니다.

온갖 것- 삶조차도 타알탈 털어버리고는 전속명으로 달려 온 당신에게 정작 나는 무엇을 주었던가 가만히 생각해 봅니다. 적어도
아무리 인색한 속셈이라 하더라도 한두 개의 아름다움은 건네주어야 했을 텐데 당신에게 쥐어 줄 수 있었던 것은 나의 이 비어 있기 마련인 손이었거나 매우 가볍기만 한 주머니의 속 그런 것입니다. 여자여

바람을 헹구어 낸 물 그림자 같이 공소한 튜울립같이
말씀의 억양과 입냄새까지도 바꿔가면서 내가 치러낼 수 있었던 것은 당신의 그 깡말라 휜 등뼈들을 그저 잔잔하게 다독거려 주는 일 그런 일뿐입니다.

내게 있어 당신은 훨훨 하늘을 건너 질러온 뜨거운 불새입니다. 당신은 내게 있어 거세고 캄캄한 물굽이를 거슬러

천형(天刑)처럼 솟구쳐 온 연어입니다.

  진흙보다도 더욱 질척거리는 삶의 수렁을 지나 내게 왔던 당신을 내게 있어
온전히 별입니다.

  나를 만나기 위하여 나의 손 독선(獨善)으로 꽉 절여진 나의 손갈피에 나란히 포개지기 위하여
당신은 당신의 그 유향 내가 깔린 밀방을 뛰쳐나왔고 당신은 당신의 꿈의 채의(彩衣)조차 깡그리 벗어던졌지만
나는

  전생(全生)을 건 당신의 투신(投身)에 대하여 정히 무엇을 대상할 수 있었던가 짐짓 돌이켜 봅니다. 그저 담연(淡然)히 하려 추물(醜物)스럽기만한 한 입술을 당신의 그 맑고 깨끗한 입술 위에 썩 거만스리 얹어 놓던 일 그것이 고작이었음을
여자여
여자여, 이제사 아프게 떠올립니다.

  여자여, 이 진술은 똑같은 모습과 똑같은 소리로 살아있을 것입니다만
무게가 아무리 무거운 눈빛이라 한들 가없이 정밀한 말

씀의 가닥이라 한들 아직껏 당신의 어깨에 매달아 줄 금빛 수실 한올도 마련하지 못하고 있는데
 당신의 왼쪽 가슴에 꽂아줄 깨알만 한 패물佩物 한닢조차 챙기지 못하고 있고 또 당신의 그 자릿한 몸매를 맏쳐줄 토황색 명주천 한쪽이언정 마련해 주지 못하고 있는데
 안타깝고 다시 안타까운 것은 목청껏 흐느끼고 싶다가도 이만큼 먹어버린 나이가 왜 그 꿈짓을 빗나가게 만드는지 이극히 배리적인 노릇 그것입니다. 더러는 무릎을 꺾어
 누구에겐가 무엇에든 간절히 빌고 싶어도 잘못 길들여진 나의 이 안량한 자존自存의 누더기가 그것을 가로막고 있다는 저 반인간의 모습 그것입니다.

 여자여 사랑하는 사랑하므로 물러설 수 없는, 잊히지 않는 잊어서는 아니 되는 나의 이
 그리움의 가닥을 여자여
 이런 나의 추악한 허세를 어떻게 설명해야 합니까. 나의 이런 비굴한 도망을 어떻게 다스려야 합니까.
 내리 쏟아 붓는 빗줄기 속을 달리다가 와아와 고함을 치며 너를 부르다가 그 휘갈림 틈에서 골무쥐처럼 골무쥐처럼 떨다가
 겨우 엽서의 한 귀퉁이에나 그리움을 실어본다는 건 책갈피마다 당신을 향하여 울부짖고 있는 그 순정한 그리움을 끼워넣는다는 건 이 또 무슨 비틀린 투척(投擲)입니까.

오직 통회에 사무쳐 앓아야 하는 것이 순리가 아니겠는가 질타한다 하더라도

말끔한 생각을 가다듬으면서 만일 내가 매달릴 수 있는 당신의 허공(虛空)한 구석을 삼가 나누어 받았으면 빌고 있는 것은 어쩌면 행투이며

흡사 목숨의 소생과도 같다고 믿어지는 그 기다림이라는 것 이 소중한 '까닭'을 지켜가기 위하여 잠시나마 쉴'틈'의 필요를 주장해 본다는 것 대체 어찌 된 게으름입니까.

여자여
숲처럼 빽빽한 그리움에 갇혀 흔들리고 있습니다. 비록 화려함은 없으나
나의 그리움의 눈은
당신을 향하여 당신의 먼발치에 숨어서, 마침내
기웃거리는 것조차 두려워하면서, 흔들리며
흔들림에 몸을 내맡기며 강 위에 뜨는
달의 무늬를 부끄럽게
부끄럽게 바라보고 있습니다.
그리하여 여자여, 나의 불새가 되며 연어가 되며 나의 별이 되는
여자여, 당신에게 묻고자 합니다.
당신에게 있어 나는 무엇입니까.

나, 죽기를 바라노니

 차라리 피를 흘리게 해 주시오. 마침내 목숨조차도 꺾도록 도와주시오.
 헛된 바램인 줄 잘 알면서도 한 방울의 피 목숨의 한 가닥까지 거두어 가는 힘이라면 그리움을 더욱 그립게 하는 그 정체(正體)란 무엇인가 짐짓 가르쳐 주시오.

 적어도 두세 번쯤 살아질 삶인가 싶어서 바람같이
 기개(氣槪)와 넋을 거느리며 선선히 타오르고 있는데, 멈추어선 저녁놀 같이
 마치 수맥(水脈)을 들쑤셔대는 지열(地熱)과도 같이 용설란(龍舌蘭)의 끝가시처럼
 당신은 왜 내가 쳐놓은 나의 '허망(虛妄)의 울'에 들어와 처얼철 녹아내리고 있는지
 그윽하게 혹은 다소곳한 눈짓으로 나를 감아 조이고 있는지 나를
 설득시켜 주시오.

 빨아들일 듯이 말머리를 자주 고쳐 세우는 당신의 눈
 그 크고 깊은 빙결(氷結)의 순수에서 그래 나는
 얼마나 질척거리는 기쁨을 겪어냈는지

당밀과 과즙(果汁)이 마구 소용돌이치는 저 신기루(蜃氣樓)였던 것
환청(幻聽)과 환시(幻視)와 환열(歡悅)을 넘나들며 그래 나는 얼마나 나를 값있게 잊을 수 있었던지 당신은 아마 알지 못할 것이오.
비둘기를 날리고 싶을 때 하늘을 온통 흰 빛 물보라로 누비고 싶을 때
산(山) 빛 산냄새를 따먹으며 흐르는 별을 쫓아
능선(稜線)을 지치고 싶을 때
그때마다 당신은 꼭 나의 그림자였던 것을 동행의 새였던 것을 이 빛나는
나 혼자만의 고가(高價)한 비밀을 여자여 당신은
까맣게 모를 것이오.

그것은 기도였소.
당신을 향한 당신을 향하여 벌이는 나의 최상의 역주(力走)
갈망(渴望)의 가지 끝마다 걸린, 그것은 차라리
나의 피의 엉김이었소.
까르르 까르르 웃어대는 아이들의 설익은 꿈 곁에서 조금쯤 아주 조금쯤 훔쳐낼 수는 없을까 조바심치면서 겨우 얻어낸
한 모금의 정결한 호흡 그것은 차라리
이른 새벽 포도알의 입술을 적시는 그런

흐느낌이었소.

여자여 나는 당신에게
"별이 멀다긴 해도 뭐 그리 멀까.
곧 따오지." 쯤 그렇게 으쓱대면서
"채송화가 깔린 뜰은 어때-."라든가 맞아! 토담을 세워두고는 내려앉는
"달빛을 감아다 줄랴?"라든가 그렇지! 갓 물오른 찔레대궁을 잘근잘근 씹어 보노라면 삶은 그냥
"꽃밭 같지 않아? 꿈밭인가?"라든가
그렇게 웅얼대기도 하면서 자주 잠이 들었는데 자주 당신의 무릎을 빌렸는데
잡힌 듯 비껴가는 눈앞 설편(雪片)들 자빡거리는 밟힘을 시방껏
잊을 수가 없소.

다 그런 것인가.
꺼이꺼이 거위처럼 우는 토혈(吐血)조차 지나고 나면
몸서리쳐지게 소중한 건가.

여자여 그리하여
여자여 사뭇 당당한 듯 곧 여려지기만 하는 맹렬한 듯
곧이어 정요롭기만 한 재채기 한두 차례에도 담박 몸이 끓는

여자여, 당신은
어떻게 계신가.

애달음이 없어야 하므로 다만 시달림이 없어야 하며 가령 수없이 꽂히는 아픔에도 다만 푸르러야 하므로 결코 눈물의 고리조차 들어내지 말아야 하며

여자여, 당신은
온전해야 하므로 물잠자리의 오수(午睡)처럼 비록 흐느적거린다 하더라도 여자여
당신은 말갛게 뿜어 오르는 저 꽃물 밴 수정구(受精丘)여야 하므로

차라리 피를 흘리게 도와주시오. 마침내
한 방울의 피 목숨의 한 가닥까지 거두어 가더라도 마침내
그리움의 긴 동혈(洞穴)에서 헤어나지 못한다 하더라도 차라리 나로 하여금
시나비 달아나는 나의 목숨의 조각들을 천천히 바라볼 수 있도록 아주 천천히
조망(眺望) 할 수 있도록 여자여
하늘만 한 여자 풀꽃의 씨앗만한
여자여, 차라리 나를
'스스로 죽도록' 설득해 주시오.

희원(希願)

 지는 해를 석조라 했던가. 분꽃의 낙루라 했던가.
 얼마나 좋으랴 차라리 석조라도 되었으면 꽃의 눈물이라도 되었으면 얼마나 좋으랴.

 누구의 밭에든 채이는 잡돌의 파편(破片) 그 부스러기 가운데의 하나일 따름
 "당신은 물방개 같아 뭐가 그렇게 바빠?"
 "꼭 문어 닮았어 오만상을 찌푸리기만 한다니까?"
 라는 투의 말을 수다할 만큼 늘어놓으며 태지 찰거머리 거미…하다못해 실지렁이란 비유로 끝내 어릿광대의 짓에 머물고 마는
 -나의 유희(遊戲)

 맞아 그래 나는 유희의 틀을 벗어 던지질 못했지 벗어 던지긴 커녕 유희의 늪을 들락날락 거리며 탐닉(耽溺)하는 그래 나는 몽유객(夢遊客)이었지
 당신에게 매달려 살아야 하는데 당신에게 매달려야만 나의 삶의 뿌리가 싱싱 할텐데
 성대하게 치른 출어제(出漁祭)날 나는 이미 송어알 크기의 획득을 예정한 모양이야.

서글펐어

성취감(成就感)이 어떻고 빛살이 어떻고 떠들다가 곤두박질 치며 버려지는 나의 무모한 진수-이런 것을 자멸(自滅)이라 한다면

서글픈 한(恨)이지

설레임도 없진 않았어 하긴 설레임 투성이었지 왜냐하면 한껏 부풀어 오르는 일엔 길들었으니까. 왜냐하면

다시 시작될 나의 다음의 나로 하여금 다시 열도록 지시(指示)된

어쨌든 '설레임'이 또 남아 있으니까.

내일, 모레, 글피, 내일, 모레, 글피. 시간만 쪼다가 다 놓쳐버린 것들

생애(生涯)를 기울이겠다더니만 삶을 지워가는 데 더 열중했던 나

"당신밖엔 없어"

"사랑해"

신들린 사람이 되어 떠윌 줄은 알았지만 사랑을 사랑했을 뿐 사랑을 표현하는 덴 몹시 인색했던 나

모자랐던 만큼 채울 수 없을까. 실어증(失語症)에 시달려도 좋으니까 못다 한 만큼 풀어 담을 수 없을까

어려울 줄 알면서 힘든 트림일 줄 알면서

당신을 향하여 내비치는 그나마 나의 최선의 희원(希願)
여자여

미움을 다오.
시퍼렇게 날이 선 꿈빛조차 자를 수 있을 미움의 칼끝
그 앞에 서게 해 다오.
그리하여 만일 참으로 만일 내가 보고 싶다 하더라도 보고 싶은 크기가 가령 한올의 터락만 하다 그렇게 하더라도
"그리워하지 말자."
몇 번이고 거듭하여 주문하지만 여자여.
배척해 다오. 결사의 힘을 쏟아 나를
배척해 다오.

그리움이라는 것 이것은
내 몫이므로
숙명(宿命)을 건 나의 노역(勞役)이므로.

'아가(雅歌)'처럼

그럴 수만 있다면 아가에 나오는 솔로몬의 암사슴처럼 또는 숫염소의 건각(健脚)처럼 발가벗은 채 휘리릭 휘리릭 미끄러지듯 달리고 싶었지

열기(熱氣)였던가.
그칠 줄 모르고 용출(涌出)하는 정한(情恨)이었던가.
눈이 햇솜처럼 퍼지는 그 안락한 순백(純白)의 침상을 소유하기 위하여 눈발이 굳세게 섞어치는 능선을 무리같이 정복시키기 위하여
벌거벗는 모험을 꿈꾸기도 했었지

그때는 그랬어
마구 떠돌고 싶었으니까. 당신과 함께 끝없이 떠돌아다니고만 싶었으니까
가령 "별이 멀면 얼마나 멀랴" 그렇게 으쓱대면서 담장 별을 향하여 달리는 그런 몸짓으로 당신의 그 푸짐하지도 못한 무르팍 사이에 머리를 묻었었지

별은 곧바로 쏟아지기 시작했고, 나와 당신과의 사이를 꽈악 꽉 메우기라도 할 듯이 별들은 꽃이 되어 피어나고 있

었지.

맞아 돌담을 끼고돌던 아! 그 애호박덩쿨이 지붕을 넘볼 때 먼산 중허리쯤에서 아! 목화다래가 터지고 있을 때.
여자여.
"감자나 콩 같은 것을 거둬들여야지" 따위의 중얼거림을 상상하면서 문득 우리 까르륵 까르륵 웃어대기도 했었지.

그런데 지금
당신이 있는 쪽을 향하여 마치 거위처럼 목이 쉬어있는 나
당신은 살아 있는가.
당신은 분명 살아 있는가.
그 마른 몸을 흔들며 갈수록 파리해지는 비밀(秘密)의 숱한 가닥들을 고르며 여자여
당신은 어떻게 있는가.

껍데기만 남은 고사목 가지처럼 빈 달빛처럼
칼끝에 매달려 떠는 비둘기처럼 추운데
여자여.
창틀만 좀 흔들려도 그만 고뿔이 들어 울던 여자여.

어떤 일이 있어도 아프지 말아야 한다. 어떤 일이 있어도 지치지 않아야 한다.
여자여. 긴 하일(夏日)의 오후 비록 물잠자리처럼 흐느적

거릴 일이 있다 하더라도
 그럴 수만 있다면 저 말갛게 뿜어 오르는 물방울과도 같은 가없이 예쁜 예쁘다 못해 서럽게 다가오는 꽃물 잘 밴 노을 같은 것
 그것을 그리워하자. 그런 것만 그리워하자.

왠지 알아

 거기 산사(山寺)에서 마냥 껏 살 수 없을까 우리 서로 골몰하기도 했지 "여기서 오래오래 살까?" 그렇게 들뜨면서 자꾸 깊어지는 수림(樹林)속을 마치 태초의 생성물(生成物)처럼 헤매곤 했지

 산자락을 비껴 암광(暗光)이 번뜩였고 달빛보다 아늑한 어둠의 잔털을 헤치며 아아 우리 서로 눈 속을 들여다보느라 열심이었지
 밤도 까맣지 산도 하늘도 그렇지 그래서 조금은 당신의 긴 머리채가 무섭기도 했지만 알고 보니까 무섬증이 아니라 떨림이었어
 희열(喜悅)이었던 거야 짜릿한 느낌이 한기를 일으켰던 것이지

 나는 원래 당신의 얼굴이나 몸매에는 그다지 관심을 갖지 않았어
 허리가 굵다거나 종아리가 부었다거나 설령 한쪽 눈이 감겼다 하더라도 그 점에는 관심을 기울일 까닭이 전혀 없었을 거야
 당신의 불꽃 흡사한 성깔 그것이 좋았고 따악딱 스타카

토로 찍히는 말씨가 싱그러웠고 "알면서 왜 그래요!" 또는 "꼭 그렇게밖에 할 수 없었어요?"라는 투의 따지고 드는 저돌력이 미더웠고 자주자주 나의 잘못을 당황하게 만드는 당신의 청순(淸純)한 논리가 마음에 들었던 거지

그래서 당신은 늘 향기로웠지
꼬집어 말할 수는 없지만 나의 기억으로는 당신은 온통 향기의 덩어리였어 힘의 오묘(奧妙)함이 그렇고...

반짝반짝 흰 모래 같은 것 햇빛을 걸러내면서 반투의 시늉으로 출렁거리는 마치 파도 같은 것 솜털처럼 짜륵짜륵 윤이 나는 것 그런 것들이 동아줄보다 질긴 힘으로 지금 덮쳐 들고 있어

비늘이랄까? 점막이랄까? 꿈짓이랄까?
여자여.
당신의 그 금속성(金屬性)의 고함조차 가느다 가느른 속삭임으로 기어드는데 법석을 떨며 곤두박질치던 저 귀얇이 비슷한 말씨들조차 왜 있잖아? 토스티의 자장가 끝에 소록소록 피는 안식처럼 조요로히 느껴지는 걸 어떻게 달래야 할까.

"나 당신이 참 좋아"
"...이래저래 당신 없이는 살기 힘들겠어"

아슴하게 꼬리음만 잡히므로 희미하게 소리의 흔적만 잡히므로 바람이 불지 않는데도 겨울이 아닌데도 추워

왠지 알아?
모르지?
아마 잘 모를 거야.
그러나 알아야 할 것 같아 헤세의 말마따나 "대수롭지 않은 일까지도 지나치지 말아야한다. 그 대수롭지 않은 일의 진정한 빛이 얼마나 소중한 것일까를 깨닫게 될 것이므로…"
온통 당신으로 꽉 차 있는 나의 전신(全身)의 흔들림을 아마 알아야 할 것 같아
그래도 몰라?
어쩔 수 없을 만큼 어쩔 수 없는 까닭 투성이로 머물러 있는 당신의 언저리에 머물러 있는 나를
잔디 잔디의 끈질김으로 아우성치는 나의 그리움의 원형(元型)을
알아야 할 텐데 알아야 할 텐데

내가 곧 당신인 것을

　노래를 부르면서 시름을 달래는 사람도 있지만 괜한 군것질을 쉬지 않으면서 걱정을 삼키는 사람도 있다지만 다 겉만 아픈 사람들의 호사스런 짓거리이고 좀 깊게 속까지 아파 본 사람이면 실소(失笑)거리도 못 되는 하찮은 일일 것이오.
　"어이 나 왔어!"
　"이것 봐 굉장히 싱싱하지?"
　하면서 귤바구니나 과자나부랭이를 흔들며 들이닥치는 일이 생각나는데 이런 비슷한 짓을 곧잘 해대고는 나는 제법 느긋했고 지금 돌이켜보니까 그렇듯 모자란 잘못이 또 있겠는가 싶소.

　사탕알 몇 개를 굴리며 짐짓 '애정을 낚아 올린다'는 속셈이 얼마나 치졸하고 야비하기조차 한 작위라 느끼고 있소.
　그때마다 부끄럽다는 생각을 갖긴 했지만 배시시 웃곤 하던 당신의 그 오만한 부드러움이 늘 나를 가로막았던 것 같소
　결국 내 탓이 아니라 '당신 탓'이라는 나의 별난 '셈법'에 나 자신 걸린 지 오래인데 아직도 바로잡지 못하고 있소.

당신의 '속'은 아마 웃지 않았을 것이오. 웃어야겠다는, 혹은 웃어 주어야겠다는 의무적 습관에 오히려 혐오스런 저항을 가졌을 것이오.

언제나 '내 잘못' '내 탓'이면서 은근하게 '당신의 탓'을 찾아내도록 권유했던 나의 구제받을 수 없는 속성-당신은 왜 조용히 앞섶만 여미고 말았는지 내처 모를 일이오.

당신을 향해 던진 돌팔매가 반드시 내게 돌아오곤 했는데
"당신은 차가운 여자야." 혹은
"당신처럼 까다로운 여잔 보질 못했어."
라는 소리로 당신을 매도하면서도 정작 나의 마음의 그 중 깊은 자리에서는 당신에 대한 '두려움의 덩이'가 조금씩 커갔던 것이오.

나의 포악(暴惡)을 무엇이라고 규정하겠소. 나의 옹색한 눈가림을 어떻게 파악하겠소.

그리고 포악도 눈가림도 내 나름의 애정의 실증이라면 당신은 어떤 모양의 '웃음'을 보여줄 것인가 알고 싶소.

나와 당신과의 거래(去來)에서 이른바 '존경'이라는 낱말은 매우 비중이 큰 다툼의 조건이었소.

당신은 꼭 이때만은 울었는데 이건 또 무슨 연유인지 알 길이 없소. 왜냐하면 그 울음의 울타리가 너무 커 보였고 그 몸부림의 내용이 퍽이나 진지하다는 인상을 받았기 때

문이오.
 왜 그랬소.
 무슨 까닭이오.
 당신이 만들어낸 수수께끼에 자주 휘말리면서, 때로는 혼란스럽기도 했으나 역시 그 까닭을 모른 채로 안도할 수 있었던 것- 이것도 미심쩍은 체험이오.

 뒤에사 한참 뒤에야 알아차리게 되었소만 내 나음대로 세워 온 자존(自尊)의 탑이 와르르 무너지는 소리를 듣게도 되었소만 당신은 내게 무엇이든 '빛나는 일'만 넘겨준 셈이오.

 빙편(氷片) 뒤에 도사려 있는 용모 같은 것.
 흑조(黑鳥)의 바알간 염통 같은 것.
 온전하기 위한 넉넉함 같은 것.
 첫 봄비 같은 것
 왜 나는 좀 더 일찍이 '속 깊은 곳의 것'을 집어내지 못했을까, 자학하고 있소만 다 허튼짓 허튼만큼 자폐自斃스러운 희열이오.

 "미안하오."라는 말마저 아꼈던 흠이 "고맙소." "용서하시오."라는 말받침으로 맞비겨질 수 있으리오만은 얼마나 서러웠을까 나의 진흙투성이의 수작에 얼마나 괴로워했을까 라는 데까지 이르고 이르고 보면
 당신이 치고 싶던 몸부름

당신이 내뱉고 싶던 울부짖음
당신의 그 당당한 눈물은 곧 나의 몸부림이 되고 있고 나의 울부짖음이 되고 있소.
다만 당신의 그 당당한 울음만은 내게 있어 당당하지 아니하고 다만 참으로 다만 부끄러움으로 나타나고 있소.

사랑의 흔한 겉을 핥아가던 나에게
'참 깊은 속' 사랑의 값을 치러준

당신은
그리움의 반듯한 '속'까지 더듬게 해 주었소.
고맙소. 처절하리 만큼
고맙소.

벼랑에서

 말로만 좋아한다는 게 아니라 마음속으로 어루만진다는 게 아니라 몸으로 생각으로도 부서지게 역주(力走)해야 하는 게 도리(道理)며 지향(指向)이며 정칙인 것을
 그것만이 남자의 길인 것을

 그런데 그런데 말입니다.
 잔잔히 일어서는 서러움 그 갈피마다 끼어 떠는 영혼의 긴 흐느낌 왜입니까.
 우리 서로 숙명을 포갠 것이 일찍부터 잘못된 탓입니까. 안지 사흘 만에 치른 혼전(婚前)의 혼례(婚禮)가 고아(高雅)한 열정의 역겹다는 것이외까.

 후회하겠지요. 통한(痛恨)을 훨씬 뛰어넘는 참회겠지요.
 높이 모셔두고 연대에 얹힌 관음을 우러르듯 오로지 흠모했어야 하는데
 오로지 굴신(屈身)했어야 하는데
 내 생각에만 가두어놓고 내 꿈속에만 묶어둔 채 그렇게 멍청하게 독선(獨善)을 편
 후회라 하겠지요.

살림이 무엇인지, 세상이 어떻게 바뀌는지 사람이 왜 사는지도 못하면서
으쓱대고 껍쩍대고 희쭉대고- 모든 게 놀이판 아닌가 우기다가
바위 앞에서 석벽(石壁)을 넘지 못해서
벼랑에서
겨우사 깨달은 참회라 하겠지요.

그렇지만 여자여
줄곧 "이렇게 살아서는 안 되는 것인데" "반드시 잘 될 것이니까"했고 적어도 "꿈이 있잖아"를 내세워 외웠던 것은 사실이지
늘 엮는 설계가 아무렴 허상스럽다 하더라도 나의 설계의 뒤쪽으로 청정히 강은 흘렀고, 그리고 우리 서로 아늑했다고 믿은 것은 사실이지

다만 그 꿈이 잡히지 않았고 살림이 추슬러지지 않았고, 다만 헛디딤을 일삼았고
꽃이 무더기 무더기로 삭는 시간에 드디어 나는 발견(發見)했지
노을을 보았지 석류알 빠개져 튀는 소린 듣지 못했지만, 검칙칙한 조락(凋落)을 만났지

그것이 아쉽습니다.

폭싹 내려앉아 다시 설 수 없을 만큼, 이 나의 방자(放恣)한 게으름이 안타깝습니다.

그러므로 여자여
나는 진정 무엇이고자 힘쓰지 않았습니다. 나는 진정 어느 가닥을 찾아 당신께 진상(進上)해야 하는지 눈치조차 휴대하지 못했습니다.
이것이 아쉽습니다.

머리만 바빴던 "우리 꽃같이 살자"만 꼭이 주문(呪文)처럼 외웠던
늘 비어 있던 나의 손의 시절
그 무산(無産) 그
무위(無爲)의 나의 손금 위에
다만 눈물 한두 알을 떨구어 흩이면서
저 거악보다 무거울 아픔이언정 함께 쓸어버리던
당신의 눈, 당신의 눈의 단호한 너그러움
여자여
나의 영혼의 모두를 점거하고 있는 사랑하는 여자
연인이여
그리하여 서러운 것임을 떨고 있는 것임을
-아시는가.
어딘가에서 아시는가.

환상충격(幻想衝擊)

　그냥 그렇게 살아도 되었을 성싶은데 대강 대충 넘어갈 수 있었을 성싶은데
　그러다 지칠라치면 꽃부적이라도 한두 장 그릴 것을 글쎄, 도((道)의 주인(主人)이 나셨을지도 모를 일인데

　한 번도 단 한 번도 적중시키지 못한 나의 화살의 향진(向進) 용이 눈알을 부라리고 칠색(七色) 구름이 흐르고 잎이란 잎은 모조리 위로 위로 치솟아 손을 흔들고 달이 훤언한 밤이면 모과즙 뚜욱뚝 점벙대고 그런데 한 번도 맞추지 못한 나의 이런 활솜씨
　울었다.
　그리하여 울었다.

　하기사 난들 훌륭한 자위(自慰)가 없을까만은 난들 그만한 자변(自辯)이야 못 만들까만은
　갈까마귀 바쁘게 지나가는 언덕 끝에서
　장한몽(長恨夢) 도인몽(道人夢) 부귀의 꿈 장자몽(莊子夢)…
　꿈이란 꿈은 모조리 꾸었다.

다 부서져 튕겨나갔지만 그 연유(緣由)를 모름이 두렵다.

어느 것 하나 쏘아 보내지 않은 것 없고 그 무엇 하나 거둬들인 것 없지만 허공을 떠돌 나의 꿈의 실타래- 짐작하니 조요(照耀)로울 나와 나의 꿈과의 사이에 걸친 적막의 다리

이 다리의 난간에 기대어 오직 혼암(混暗)이 싫다.

부산스레 생각을 쌓아 올리긴 했지 구슬 하나를 꿰면서도 다음 구슬의 구멍을 찾아내기 위하여 연신 고뇌하기는 했지.

고뇌란 무엇인가. 물보라 퍼지듯 그런 빛살이 돋는데 고뇌란 환상(幻想)이기도 한가.

환상충격 그렇기도 한가. 그랬으면 얼마나 황홀하랴만 충격은 또 허물어짐인데

충격 뒤로 쌓일 환상의 수북한 남루(襤褸)가 무섭다.

힘들이지 않았다구? 패각상(貝殼上) 그 아린 상처가 아물기를 기다렸다- 기다리다 놓친 허망이었다구?

노을의 길다란 장막 탓이라구?

까닭들만 우글거리는 달콤한 핑계의 무덤으로 눈이 내리고 '이번만은' '한 번만 더'의 말밭에 천천히 아주 진지하게 열리던 추락(墜落)의 문- 나는 이 문을 열고 서슴없이 지옥을 밟았던 것 그 탓일 뿐.

그 무엇도 바라지 않았으면서 많은 것을 바랐던 것 같은 나의 미욱한 채 민들레의 포자(胞子)의 반란이 용린(龍鱗)처럼 퍼붓듯 내리는 속 그 속을 헤집어 가노라는데, 당신의 손가락이나 귀뿌리를 만지작거리며 말초(末梢)의 느낌 뾰쪽한 현상만 열띠게 보였던 것 그 탓일 뿐
 막힐 때 으레 내뱉는 너무 가혹한 자학自虐 당신을 위한 연회는 이미 휘장을 내렸고 당신을 위하여 준비한 나의 식탁은 언제나 곤혹(困惑)이었다.

 나비가 그려진 엽서(葉書)에 당신을 기록하고 싶어도 조심스럽게나마 끌어올리지 못하는 나의 용기(勇氣) 비굴함과 열성스러움으로 일관했던
 완벽한 패퇴(敗退)
 눈부신 파장(罷場)이었다.

 번쩍임이여.
 푸름이여.
 이슬의 해산(解散)이여

 그립고 또 그립고 다시 그립고 사슴 새끼처럼 안기고 싶고 그렇게 느끼고 살면서
 아직 살고 있다.
 진즉에도 그러했듯이

그리워하자 그리워하자

 나는 당연히 그리움의 '노복(奴僕)'으로 살아가야 하지만 나는 나의 여자에게 그리움의 '절제(切除)'를 언제나 요청해 놓고 있다. 그리고 나의 이 요청은 손질없이 승인돼야 하는 '명분(名分)'을 갖는다.

 사랑은 봉사(奉仕)의 빌미가 된다. 신뢰는 힘의 바탕이 된다.
 그러므로 나에게 봉사와 힘을 일으키도록 만드는 것은 사랑이며 이 사랑은 마음 속이 신뢰함으로써 생성되는 '영혼의 표현'이다.

 위선일 수도 있는 것은 게으름과 어두움과 엉거주춤한 손짓을 통하여 끝없이 미궁(迷宮)을 연출할 수도 있기 때문이다.
 누군가 알아주기를 기다리는 노력- 그것은 사랑의 개념이 아니다. 마치 의식을 초월한 감각의 흐름이 스스로 통일을 이룰 수 있을까, 그런 무아취(無我趣)에 이름으로써 '진지한 덫'을 깨달을 수 있을 때 빛은 사랑을 인식한다.

 나는 나의 여자에 대한 사랑을 목숨과도 바꿀 수 있다고 호언했고 그러므로 그 어떤 무서운 상황이 덮친다 하더라도 그것은 곧 나로 하여금 그 상황을 떠맡을 수 있는 기회가 아니겠는가- 소리 높이 외치기가 일쑤였다.

그러나 나는 단 한 번도 나의 여자의 고통이나 불편함을 대신한다든가 분담한다든가 하는 일에 극히 소극적이었다. 정확히 말하자면 나의 미적지근한 속셈이 들킬세라 허장을 떨기에 바쁜 셈이었다.

대단히 부끄러운 내용이라고 말하겠지만 그런데도 그리움을 생각하고 애잔해하는 데는 전혀 뒤질 낌새를 찾지 못하고 있다. 더욱 열성스럽고 보다 끈질기게 매달림으로써 그리움에 대한 향성(向性)을 줄곧 높여간다.

잃어버린 것들 잊혀진 것들에 대한 계속적인 아쉬움이 '떠나지 않는 결코 떼칠 수 없는 앙금'으로 남아 있기 때문이다.
이 앙금은 자신에 대한 '인간적인 회오'가 그 까닭이겠다 싶기도 하지만 회오에 그치지 않고 '원상에의 환원' 또는 '회복' 쪽이 훨씬 가까운 뜻이다.

그러니까 갚음이라는 것 갚음을 통한 '양심의 가벼움'을 완벽하게 획득하기 위한 수단으로써도 그리움의 값은 대단히 높다.

그리워할 자격이 없다는 이야기는 더 많이 그리워할 필요를 숙명적으로 지닌다는 점은 분명히 하고 있다.

그것이 또 한 번의 소명적(召命的) 의식이라도 좋겠지만 마지막 소원의 경우라 하더라도 선택할 수밖에 없겠지만 "그리움이라는 게 참으로 무엇을 일컫는 말인가"라고 되묻게 된다 할지언정 '그리워하자 그리워하자'는 데에 그리움의 선명한 명분이 있다.

채규판 시집

우리 서로 그리울 때는

초판 발행일 2025년 3월 25일

지은이 채규판

펴낸이 양상구
웹디자인 김초롱
펴낸곳 도서출판 채운재
　주소 우) 01314 서울시 도봉구 시루봉로 15라길 38-39 301호
　전화 02-704-3301
　팩스 02-2268-3910
　H · P 010-5466-3911
　E-mai ysg8527@naver.com

　정가 12,000원
　ISBN 979-11-92109-85-5(03810)

@채규판 2025
* 이 책은 저작권법에 따라 보호받는 저작물이므로 무단전재와 무단 복제를 금지하며 이 책의 내용 전부 또는 일부를 이용하려면 반드시 저작권자와 도서출판 채운재의 동의를 받아야 합니다
* 파손 및 잘못된 책은 구입처에서 교환해 드립니다